CRI DE L'HUMANITÉ.

SUPPLÉMENT au projet du Citoyen LEFEVRE, sur la nécessité de proportionner la Contribution territoriale des grandes propriétés au prix des grains, pour empêcher la cupidité de nous dévorer.

ADRESSE
A LA CONVENTION NATIONALE.

CITOYENS LÉGISLATEURS,

J'AI vu dans le rapport général du comité des finances, section des contributions, qu'il a rejetté mon projet et adopté celui de l'impôt progressif sur le luxe et la richesse tant foncière que mobiliaire ; je suis bien éloigné de blâmer la préférence que ce dernier a obtenue, je pense au contraire qu'il la mérite à tous égards ; il étoit impossible de faire un meilleur choix, car vous ne pouvez réellement trop exiger du superflu ; lui seul, dans mon opinion, doit supporter la plus grande partie de l'impôt et fournir à tous les besoins de la république.

Mais comme il ne produira pas la diminution du prix des grains que vous desirez autant que moi, et qui fait le principal objet du mémoire que je vous ai envoyé, je me trouve dans la nécessité de vous importuner encore une fois pour vous représenter que je n'apperçois aucune incompatibilité entre le projet du comité et le mien ; que l'adoption du premier ne peut vous dispenser de celle du second, parce qu'ils ont deux objets différens qui s'accordent parfaitement et qui sont aussi précieux l'un que l'autre, c'est ce que je vais tâcher de vous prouver en peu de mots.

En effet, quel est celui du comité ? c'est uniquement de procurer des ressources à l'état pour les dépenses de la guerre, et de ne les demander qu'aux riches ; voilà son but qui est assurément très-sage, j'en conviens le premier ; mais il vous reste un autre objet à prendre en considération qui n'est pas moins important, c'est le soulagement de plus des dix-neuf vingtiemes de la nation que la cherté des grains fait souffrir depuis trop long-temps, que vous ne pouvez négliger plus que l'autre ; car l'état et le peuple ne faisant qu'un, il est impossible, au moral comme au physique, que la tête se porte bien si le corps est malade. Il n'est donc pas moins urgent de travailler à soulager l'un que l'autre, et vous voyez, citoyens Législateurs, que mon projet réunit ces deux grands avantages, avec cette différence seulement qu'il n'augmenteroit les revenus de l'état que lorsque le prix des grains excéderoit celui que votre sagesse fixeroit, et que cette augmentation ne toucheroit que les grands cultivateurs et propriétaires qui tirent leurs revenus en nature ; au lieu que celui du comité atteint généralement tous les riches sans aucune distinction et dans tous les cas, ce qui prouve la nécessité de leur réunion pour le bien public. Vous ne pouvez donc vous dispenser de les adopter tous deux, puisque celui du comité est seul insuffisant.

Oui, citoyens Législateurs, les besoins de l'état et ceux du peuple exigent absolument deux choses qui sont indispensables, la première est la diminution du prix des grains ; la seconde une augmentation de revenu pour le trésor public. Il ne suffit donc pas de vous procurer celle-ci, il faut encore que vous obteniez l'autre incessamment, sans quoi je crains fort que le mal ne devienne incurable.

Si vous avez un moyen qui embrasse ces deux objets en même temps plus facile à exécuter, plus intéressant que le mien, je consens de n'en plus parler ; mais si vous n'en trouvez pas qui les réunisse comme mon projet, dans une seule opération très-simple et très-aisée, qui ne coûteroit pas un sou et qui procureroit des ressources infinies tant au trésor public qu'à la société, permettez, je vous prie, que je continue d'en demander l'exécution.

Je conviens que cet ouvrage est susceptible de corrections et qu'il se sent beaucoup de la précipitation avec laquelle je l'ai fait ; on pourroit par exemple n'exiger d'augmentation de contribution que lorsque le blé excéderoit dix livres le quintal au lieu de huit, qu'il est porté dans mon échelle de progression, si vous trouvez ce dernier prix trop bas, et seulement pour les terres audessus de dix arpens par saison, c'est-à-dire trente pour les trois saisons, qui font soixante-quinze jours de lorraine, mais cela ne change rien au fond de mon projet que des personnes plus éclairées que moi ont approuvé, et qui a l'avantage d'être conforme à celui du célèbre auteur de l'ami des hommes, c'est ce dont on peut s'assurer dans la théorie de l'impôt, édition de 1761, troisieme entretien, page 65. Aussi je ne puis me persuader, malgré le respect que j'ai pour l'opinion du comité, que la proportion que je dis qu'il faut établir entre le prix des grains et la contribution territoriale des grandes propriétés, soit impraticable comme le comité l'annonce dans son supplément, à la suite de son rapport général à la convention, je crois au contraire qu'il n'y a pas d'autre moyen pour ramener et maintenir toujours le grain à un taux raisonnable sans être obligé de le taxer et sans gêner aucunement le commerce et la circulation, j'ose même me flatter qu'il fera tôt ou tard le bonheur de ma patrie et de tous les états qui l'adopteront.

Le ministre des contributions, le citoyen Clavieres, paroît être aussi de mon opinion sur cet objet, puisque dans le compte lumineux et très-détaillé qu'il a rendu à la convention, il demande aussi une augmentation de contribution territoriale, proportionnée au bénéfice que les cultivateurs trouvent dans celle du prix des grains, mais comme le comité l'a voulu réfuter par des observations et des calculs qui ne me paroissent pas fondés, je crois devoir y répondre pour les soumettre à vos lumieres.

Il avance, par exemple, page 7 de ce supplément ,, que les fer-
,, miers seuls ont bénéficié dans les premieres années au moyen de
,, ce qu'ils vendoient leurs denrées en argent et payoient les pro--
,, priétaires en assignats ,,.

Comment le comité n'a-t-il pas vu que les propriétaires qui
tirent leurs revenus en nature, et non en argent, ont profité et
profitent encore, comme les fermiers, de l'augmentation du prix
des grains sans payer un sol de plus de contribution ? voilà je
crois une vérité qu'on ne peut contester.

Le comité dit ensuite ,, si aprés le payement de leur ferme il
,, leur reste entre les mains un plus grand bénéfice il est absorbé
,, par les autres dépenses d'exploitation; le prix de tous les ou-
,, vrages, de toutes les consommations étant augmenté, les uns
,, et les autres ne sont pas plus riches avec douze cent livres de
,, revenu qu'ils étoient antérieurement avec huit cents; le même
,, niveau se rétablit à peu-près et le bénéfice disparoit. Ainsi le
,, comité a pensé que cette considération passagere ne pouvoit faire
,, augmenter le taux de la contribution.

Pour répondre à cette objection qui ne peut se soutenir, je vous
prie d'observer, citoyens Législateurs, que l'augmentation des dépenses d'exploitation est trop au-dessous du bénéfice que les cultivateurs trouvent dans celle du prix des grains pour que cette compensa-
tion puisse les exempter d'une augmentation de contribution; et les
propriétaires, qui ont affermé leurs terres en grains, peuvent encore
moins y prétendre que les autres puisqu'ils n'ont aucuns frais aucune
dépense à faire pour toucher leurs revenus que les fermiers sont
obligés de leur amener.

D'ailleurs cette augmentation de dépense est plus que remplie
par l'accroissement de valeur que tous les autres objets qui font
aussi partie de leurs revenus ont reçu également, sur-tout la portion
des produits qui n'entre pas dans l'estimation et qui reste au cultivateur pour le rembourser de toutes ses avances. Cette portion
est ordinairement des deux tiers, le surplus forme le revenu net
sur quoi on fixe la contribution. Ensorte qu'une terre qui produit,
je suppose, trois cents paires n'est estimée en rapporter que cent;

lés deux autres cents sont destinés pour tenir lieu au cultivateur de toutes les dépenses d'exploitation.

Quand le grain ne valoit que 20 #. la paire de réseaux, un de froment et l'autre d'avoine, cette terre n'étoit estimée en conséquence que 2000 #., dont le cinquieme pour la contribution étoit de 400 #., ainsi il ne restoit au propriétaire que 1600 #. ; mais à présent que la paire se vend 60 #., le revenu de cette terre est triplé, et monte incontestablement à 6000 #. dont le propriétaire ne paye cependant que 400 #. de contribution, partant il lui reste net 5600 #., ce qui lui fait 4000 #. de plus qu'il n'en tiroit quand la paire se vendoit 20 #.

Voilà je crois un calcul plus juste et plus conforme à l'augmentation que le prix du grain a éprouvé, que celui du comité qui n'en porte le produit dans le sien que de huit à douze cents liv. ce qui ne feroit que 400 #. de plus, au lieu de 2400 #. qu'il devoit le porter, puisqu'il est certain que le grain étant triplé de valeur une ferme de 800 #., produit véritablement aujourd'hui 2400 #., ce qui fait 1600 #., de bénéfice, de plus et non pas 400 #., comme le comité le prétend.

Cette vérité, bien affligeante pour l'humanité, est si évidente, citoyens Législateurs, qu'elle suffira seule pour vous démontrer la nécessité de l'augmentation sur la contribution territoriale des grandes propriétés, mais si elle a besoin d'appui pour achever de vous convaincre que celle des dépenses d'exploitation ne peut réellement y apporter aucun obstacle, souvenez-vous, je vous prie, que sur les deux cents paires qu'on laisse au cultivateur pour toutes ses dépenses d'exploitation, il lui en reste encore, après la consommation de sa maison et ses semences prélevées, au moins cent paires qui, à 60 #., font encore 6000 #., que vous conviendrez qui sont plus que suffisantes pour faire face à l'augmentation des dépenses.

Ajoutez à cela les bénéfices de toute espece que le cultivateur trouve encore sur les autres denrées qui ont subi la même augmentation puisque tout est triplé de valeur; le bois qui se vendoit 15 #. la corde se vend aujourd'hui plus de 50 #. Le foin qui

étoit à 20# le millier est à 100#. La paille à proportion , les bes-
tiaux de même, le vin est plus que quadruplé, la laine, le beure,
la volaille, les œufs , les fruits , enfin tout ce que le cultivateur
vend, a reçu une si grande augmentation de prix que je peux vous
assurer que les bénéfices qui en résultent surpassent de beaucoup toutes les dépenses d'exploitation et que le produit du prix
des grains lui reste en totalité.

Comment le comité peut-il donc penser *sérieusement* que la
contribution territoriale des grandes propriétés ne doit pas être
augmentée, sous prétexte que l'augmentation des dépenses d'exploitation absorbe les bénéfices et que celle du prix des grains n'est
que passagere ? Il n'ignore pas cependant que la cupidité , qui
en est la source , sait malheureusement la produire et la pro-
longer tant qu'elle veut ; il sait encore que cette ennemie du
genre humain n'a pas cessé de nous tourmenter depuis sept à
huit ans, et que depuis cette époque nous n'avons eu qu'une très-
courte interruption des maux qu'elle produit ; il sait enfin qu'elle
épuise l'état et le peuple , et qu'il est très-urgent de l'arrêter
dans ses funestes spéculations , qui ne servent que trop bien celles
de nos ennemis.

Si le comité avoit fait attention à toutes ces vérités, je suis
trop persuadé de l'humanité de ceux qui le composent et de la
délicatesse de leurs sentimens , pour croire qu'ils n'eussent pas
convenu qu'il est vraiment de la sagesse de la convention nationale de nous délivrer , le plutôt possible , de cette calamité, qui
porte la désolation par-tout où elle passe , et ne laisse sur ses
traces que la misère et le désespoir.

Il est donc impossible , citoyens Législateurs, que l'opinion du
comité soit adoptée , cet abus est trop préjudiciable au trésor public et à la société, pour que vous puissiez le laisser subsister
plus long-temps, le moment de sa proscription est arrivé, il faut
qu'il subisse le même sort que tous ceux que vous avez détruit,
aucun ne faisoit autant de mal que celui-là ; si les autres étoient
à charge au peuple ils procuroient enfin des revenus à l'état, au
lieu que celui-ci , loin de lui en donner , fait au contraire triplen

le prix des subsistances des troupes , et lui occasionne des dépenses immenses pour soulager la classe indigente et pour cal-
mer les désordres et les troubles qu'il occasionne dans différens départemens. Il faut donc que ce fléau disparoisse du sol de
la liberté , et que le monstre qui le fait naître soit bridé et
contenu pour l'empêcher de nous dévorer.

Quoique toute vérité ne soit pas bonne à dire , mon attache-
ment pour ma patrie ne me permet pas de vous laisser ignorer ,
citoyens Législateurs , que le mécontentement du peuple , que
vous attribuez aux suggestions des mal-intentionnés , provient au
contraire de l'excessive augmentation du prix des grains , qui l'a
réduit dans la plus déplorable situation ; je ne disconviens pas
cependant que ceux que nous renfermons dans notre sein n'en
profitent adroitement pour l'égarer et le soulever contre ses bien-
faiteurs ; je sais que le diable est bien malin , et je doute fort
qu'il le soit plus que nos ennemis , mais je crois que la cherté des
grains est la principale cause de tous les troubles et de tous les
maux que nous éprouvons.

En vain vous ferez les loix les plus sages , en vain vous ferez
des adresses au peuple , s'il manque de pain , il sera toujours la
dupe des mauvais conseils , la proie et la victime des méchants ;
cette vérité , qui m'afflige autant que vous , n'est malheureusement que trop confirmée par les événemens fâcheux et terribles qui
viennent d'arriver ; le peuple est bon , mais il est crédule et facile à tromper , sur-tout quand il souffre , en voici la raison , le
besoin poussé à l'excès nous prive entièrement de toute réflexion
et nous fait oublier les devoirs les plus sacrés , qui sont de dé-
fendre sa liberté et sa patrie.

Nos ennemis le savent bien , ils ont appris à leurs dépens com-
bien la cherté des grains a de pouvoir sur l'opinion du peuple ,
aussi font-ils tout ce qu'ils peuvent pour l'augmenter ; et les cultivateurs , plus aveugles qu'éclairés sur leurs véritables intérêts ,
secondent, sans le savoir, des manœuvres qui ne tendent qu'à
les replonger dans l'esclavage ! Ils n'ignorent pas cependant qu'ils
ont gagné plus que tous les autres à la révolution , et qu'ils sont
aussi les plus intéressés à la soutenir.

(8)

Pour vous prouver, citoyens Législateurs, que cet objet doit fixer toute votre attention, je me contenterai de vous rapporter les effets qu'il a produit seulement depuis six à sept ans ; vous savez qu'à cette époque les grands propriétaires, séduits comme les cultivateurs, par la cupidité et l'intérêt personnel, demandèrent au gouvernement l'exportation des grains sous prétexte qu'ils étoient à trop bas prix et qu'ils ne tiroient pas assez de revenu de leurs terres. Le ministre plus occupé des besoins de la cour que de ceux du peuple, qui dans ce temps-là n'étoit compté pour rien, crut que cette mesure favoriseroit le trésor public, en conséquence il permit, par des lettres-patentes, l'exportation des grains, sans prendre la précaution de faire faire dans chaque province des greniers d'abondance pour empêcher que le prix ne montât trop haut. Qu'arriva-t-il malheureusement ? Le grain, dès l'année suivante, devint aussi cher qu'il est à présent. Le peuple indigné contre ceux qui en étoient la cause, murmura beaucoup et se révolta dans plusieurs endroits ; il fallut comme aujourd'hui avoir recours à la triste ressource d'employer la force pour le contenir.

Dans ces circonstances on assembla les états-généraux, qui se constituèrent en assemblée nationale, elle débuta par les fameux décrets du mois d'août 1789, qui suppriment une partie des abus qui existoient : le peuple mécontent avec raison se jetta tout entier du côté de l'assemblée nationale, qui en profita sagement pour achever de détruire tous les autres abus. Les parlemens, la noblesse et le clergé voulurent s'y opposer, tous leurs efforts furent inutiles ; ils s'apperçurent alors, mais trop tard, que la cherté des grains, loin de leur avoir été avantageuse, comme ils le pensoient, étoit au contraire la cause de leur perte.

Pour tâcher de faire revenir le peuple de la prévention qu'il avoit contr'eux, ils firent ensorte de faire diminuer le prix des grains, ils y réussirent facilement en ouvrant les greniers où ils étoient renfermés, en moins de six mois ils revinrent effectivement à leur prix ordinaire, mais cela ne changea point l'opinion du peuple à leur égard , il se souvint toujours des maux qu'il en avoit reçu , et resta fidelement attaché à l'assemblée nationale , dont il a été et sera toujours le plus ferme appui.

Les mécontens se voyant la dupe de leur cupidité, et désespérant de pouvoir regagner la confiance du peuple qu'ils avoient perdue par leur faute, changèrent de moyens: au lieu de chercher à maintenir le grain à un taux raisonnable, ils s'imaginèrent qu'en le faisant hausser de prix ils détacheroient le peuple de l'assemblée nationale, en lui disant, comme ils font tous les jours, qu'il n'est pas plus heureux à présent qu'il étoit avant la révolution; mais toutes ces ruses sont inutiles, le peuple connoît la cause de la cherté des grains, il ne l'attribuera jamais qu'aux manœuvres des mal-intentionnés, et il espère que vous prendrez incessamment les moyens nécessaires pour en arrêter les suites.

Souffrez donc, citoyens Législateurs, souffrez, je vous en conjure , au nom de ce que nous avons de plus cher, que je vous expose encore une fois les dangers que nous courons , travaillez promptement à les prévenir ; cet objet, vous le voyez, est de de la plus grande considération , ne différez pas une minute à vous en occuper très-sérieusement crainte qu'il n'en soit plus temps, prononcez le décret bienfaisant que je vous demande pour nous garantir de l'abîme où la méchanceté de nos ennemis veut nous précipiter.

Quoique l'opinion du comité ne soit pas favorable à mon projet, je suis cependant bien éloigné de croire qu'aucun autre motif que le bien public ait influencé sa décision ; pour rendre justice à la vérité , je pense au contraire qu'il a trouvé à son exécution des obstacles que je ne connoîs pas; mais comme il seroit possible que les membres qui le composoient se fussent trompés , aussi bien que tous ceux qui , comme moi, l'ont peut-être jugé avec trop d'indulgence, je vous prie, citoyens Législateurs, de ne pas trouver mauvais que j'en appelle à votre jugement et à celui du public.

Je sais qu'on est généralement trop prévenu en faveur de ses projets, je ne prétends pas être plus exempt qu'un autre de ce reproche, mais l'accueil que le mien a reçu des corps administratifs, et l'éloge qu'en a fait publiquement la société des amis de la liberté dans une pétition signée d'un nombre infini de citoyens, qu'elle a envoyée à la convention pour en demander l'exécution, m'en ont donné une idée différente à celle du comité, et je crois après cela que tout autre que moi n'auroit pu lui refuser sa confiance.

Pour vous mettre à portée de juger de l'opinion de Mirabeau sur cet objet, je vais vous rapporter mot pour mot ce qu'il dit dans la théorie de l'impôt, pag. 65, 3e. entretien, édition de 1761.

,, Il est nécessaire, non seulement pour l'ordre et la prospé-
,, rité, mais encore pour l'ordre indispensable, à moins de ne
,, vouloir se détruire de ses propres mains, que les revenus de
,, l'état soient assis de manière qu'ils croissent ou décroissent en
,, raison de ce que les revenus des sujets croîtront ou dé-
,, croîtront ,,.

Vous voyez, citoyens Législateurs, que cet auteur, dont vous connoissez le mérite, demandoit aussi que les revenus du trésor public fussent toujours proportionnés à ceux des particuliers, et qu'ils suivissent la même progression ; vous conviendrez sans doute que rien ne les constate mieux que le prix des grains, et que cette base est la plus sage que vous puissiez adopter pour fixer la contribution territoriale, et mettre un frein à la cupidité ; vous conviendrez encore que la conformité de l'opinion de cet homme célèbre avec mon projet, est le meilleur appui que je puisse lui donner, et que par cette considération, qui prévient beaucoup en sa faveur, il est digne de fixer votre attention. Je ne m'étendrai donc pas davantage sur la nécessité de son exécution, les besoins de l'état et ceux du peuple vous en convaincront mieux que tout ce que je pourrois dire, je me bornerai seulement à vous assurer que c'est la chose du monde que je desire le plus d'obtenir, pour goûter avant de descendre au tombeau, dont je sens que j'approche, la consolation d'avoir contribué au bonheur de ma patrie.

Je suis avec une respectueuse soumission,

CITOYENS LÉGISLATEURS,

Votre Concitoyen,
JEAN-FRANÇ. LEFEVRE,
ville vieille, place de la liberté.

Nancy, le 12 juillet 1793, l'an 2.
de la république.

A. NANCY,

Chez la Veuve BACHOT, Imprimeur de la Société des Amis de la Liberté et de l'Égalité.

www.ingramcontent.com/pod-product-compliance
Lightning Source LLC
LaVergne TN
LVHW010243030726
842520LV00007B/2725